SOFIA PETROVNA SOYMONOVA

(Madame Swetchine)

ARÁNDANOS BAJO LA NIEVE

Traducción de Julio Pollino Poyato

1ª ed., abril de 2024

Colección Délfica, 2

Traducción de Julio Pollino Poyato
Revisión de José Luis Trullo

ISBN: 978-84-127712-4-4
Depósito legal: SE 152-2024

IMPRESO EN LA UNIÓN EUROPEA

ÍNDICE

INTROITO

Antes de nada aclarar que el título original, *Klukva Podsnejnaia*, fue traducido por Eduardo Marquina en 1912 por *Flores de nieve*, que solo se corresponde con el original ruso a medias. El título que le puso la propia Sofía en francés, *Airelles*, arándanos, también es un compromiso intermedio. Así que he optado por una solución más ajustada, que es una especie de síntesis de las dos anteriores, *Arándanos bajo la nieve*. Arándanos a secas parece el aséptico título de un tratado científico.

En cuanto a la autora, hablamos de la Vivian Maier de la literatura, es decir, alguien que no publicó un libro en vida y que no tuvo ni la más mínima intención de hacerlo: solo escribía para sí misma, para comprenderse y comprender a los demás. Y, como en el caso de Kafka, si no llega a ser por un albacea testamentario (no tuvo hijos), su obra jamás habría visto la luz. De hecho el único libro en el sentido estricto que dejó más o menos preparado, corregido, ordenado y titulado fue este: el resto son textos aislados, bocetos de ensayos. Añado a este volumen una serie de aforismos que fue escribiendo a lo largo de su vida, y que inciden en los mismos temas y obsesiones del libro, uno de los mejores libros de aforismos escritos nunca por una mujer.

En cuanto a su vida y milagros, lo esencial es que nació en Moscú en 1782 y que murió en París en 1857. Se crió en la corte de Catalina II de Rusia, donde fue Dama de Honor y aprendió varios idiomas; se casó con Nicolás Sergeyevich Swetchine, 25 años mayor que ella; se convirtió al catolicismo, por lo que tuvo que emigrar a Francia, y allí organizó en París un influyente salón literario que duró nada menos que 30 años (entre 1826 y 1856), en el cual participaron algunas de las mentes más lúcidas de la época, entre muchos otros: Chateaubriand, Tocqueville, Sainte-Beuve y De Maistre. Frente a ellos, resplandecía la desconocida Sofía, la más modesta, elegante, humilde, positiva, empática y clarividente de todos.

Julio Pollino Tamayo

7

KLUKVA PODSNEJNAIA
(Arándano que ha estado bajo la nieve)

Este arándano se distingue de todos los otros, por su forma y su corola. Es común en todos los pantanos septentrionales de Europa y de Asia, e incluso de América, donde se empapa con sus tallos muy desliados en el musgo. En Rusia florece en el mes de junio y madura su fruto en el mes de octubre; pero es áspero en la estación y, para endulzarlo, se le hace pasar el invierno bajo la nieve y no se recolecta hasta la primavera siguiente. De ahí viene el nombre de *podsnejnaia* (que ha estado bajo la nieve).

Bajo los auspicios de esta humilde planta pongo los siguientes pensamientos. También han madurado bajo las nieves, y se han coloreado, como esta pequeña baya roja, en el fuego del sol interior. La mayoría de estos pensamientos fueron escritos durante el invierno de 1811, cuando pasaba en el campo un profundo retiro; eran voces que se escapaban de mi corazón y que no llegaban a ningún otro; impresiones que se revestían de imágenes para poblar mi soledad.

Se puede decir ante una tumba:
"No me responde, pero quizás me escucha";
se puede decir con la lectura de algunos libros:
"No me escucha y sin embargo me responde".

Mme. Swetchine

I   Que nuestra vida sea pura como un campo de nieve donde nuestros pasos se impriman sin dejar mancha.

II   En la estación que despoja a la naturaleza, no hay brisa, ni soplo tan ligero que no sea lo suficientemente fuerte para separar la hoja del árbol que la portaba. En el otoño del corazón, no hay un movimiento que no lleve una felicidad o una esperanza.

III   Mostrar imprudentemente lo que es más vulnerable de nuestra sensibilidad es invitar a golpearlo. Aquiles, el semidiós, no se lo confió a nadie.

IV   La Felicidad y el Vicio se excluyen, la Felicidad y el Arrepentimiento se dañan mutuamente: la Felicidad y la Virtud se dan la mano para caminar juntas.

V   Cuando nuevas penas nos han hecho dar algunos pasos en la buena dirección, no está permitido quejarse. Es una inversión a fondo perdido, pero la renta queda.

VI   El espíritu lleva los colores de su alma, como un lacayo los de su amo.

VII   Hay almas que, como los pontífices de la ley antigua, viven solo de los sacrificios que se les ofrecen.

VIII   Hay personas que jamás hablan de sí mismas; pero es para pensar siempre en ellas.

IX ¡A cuántos signos fútiles, supersticiosas inducciones, aferramos nuestro destino, cuando nos apremia una poderosa necesidad de felicidad! Toda la naturaleza entonces parece conspirar con nosotros o contra nosotros, y ni uno solo de sus secretos presenta alguna misteriosa relación con el nuestro. ¡Pobres humanos! ¡Tan dependientes, tan rebajados y, sin embargo, tan grandes! ¿En estas verdes praderas donde el apacible rebaño pasta con toda la dignidad y la incuria de una tranquila posesión, que no ha visto al ser inteligente, al ser superior a toda la magnificencia de la creación, subordinar todas sus esperanzas del porvenir al destino de algunas hojas dejadas inmóviles o arrastradas por los vientos, buscar con ojo inquieto la dirección de una nube, y pedir cuentas a la margarita de los sentimientos de a quien ama?

X De los dos hijos del secundario Paul-Émile, el primero murió tres días antes del triunfo de su padre, y el otro tres días después. Ese es el destino de todo hombre: morir antes de ser feliz o tener solo unos días para serlo.

XI Los seres que parecen fríos y que no son más que tímidos, adoran cuando osan amar.

XII Parece ser que solo estamos llamados a conocer el infinito por nuestros dolores. ¿Somos felices? Los límites de la vida nos apremian por todas partes.

XIII En el retiro, el tiempo parece acelerar aún más su marcha. Nada advierte de su fuga; es una onda sin murmullos, porque fluye sin obstáculos.

XIV ¿Qué es resignarse? Es poner a Dios entre el dolor y uno mismo.

XV   Una canción inglesa comienza con estas palabras: *El amor llama a la puerta*. — La llama con menos frecuencia de lo que la encuentra abierta.

XVI   Los que han hecho servir a su vuelta a la virtud las mismas fuerzas excitadas por las pasiones, recuerdan a esos pueblos, en la vecindad del Vesubio, cuyas habitaciones son construidas con la misma lava que debía destruirles.

XVII   Las expresiones exageradas son disonantes con la idea y hieren el oído de los espíritus justos.

XVIII   Haber sufrido mucho es, como los que saben muchos idiomas, haber aprendido a comprenderlo todo y a hacerse comprender por todos.

XIX   Se puede decir de muchos cristianos cuyas acciones no corresponden con lo dicho: —Por la voz, es la de Jacob, pero son las manos de Esaú.

XX   Sólo hay dos futuros que el hombre pueda aplicarse con certeza y sin orgullo: «Sufriré, moriré».

XXI   «No se queje. Es culpable». ¡Dura y repugnante palabra! ¡Es culpable! Y es a esto a lo que se aferra mi más viva, mi más tierna compasión. El inocente oprimido por la suerte o por los hombres tiene dos asilos que no le pueden faltar: Dios y su conciencia. El culpable no se atreve a levantar los ojos a Dios al que ha ofendido; no se atreve a descender en sí mismo, donde el remordimiento se reproduce bajo todas las formas. Su único y último asilo es nuestra piedad. ¡Ah! Que nuestra estima, nuestra admiración sean por la virtud perseguida o incluso triunfante, pero que nuestras lágrimas caigan sobre las llagas de la conciencia como el aceite del Samaritano.

XXII ¡Qué difícil es la pureza para las almas puras! Un poco de polvo de estambre es suficiente para quitar al lirio su blancura.

XXIII Si estuviera permitido olvidar lo que se debe a la superioridad de rango, sería hasta que los que disfrutan del privilegio se lo recuerden.

XXIV Esa piedra misteriosa sobre la que reposó Jacob, es la fe. Durmámonos en su seno y nuestras grandezas futuras nos serán reveladas.

XXV No juzgamos a los hombres por lo que son en sí mismos, sino por lo que son en relación con nosotros.

XVI Los caracteres apasionados sólo alcanzan el objetivo después de haberlo superado.

XXVII La conciencia es el huésped más dulce y el más incómodo; es la voz que pedía de nuevo Abel a su hermano, o esa armonía celestial que resonaba en los oídos de los mártires para aliviar sus sufrimientos.

XXVIII La literatura rusa es un poco como esa moneda de Lacedemonia que era de hierro y sólo estaba en curso en el país.

XXIX Hay cuestiones tan indiscretas que no merecen ni la verdad ni la mentira.

XXX Los signos de compasión y benevolencia son, en algunas personas, como el cañonazo de auxilio que dice que vas a perecer.

XXXI ¡Oh denario de la viuda! ¡Por qué no tienes en la balanza de los hombres el peso inmenso que la misericordia celestial te otorga en la suya!

XXXII Puedes estar solo en el fondo de tu corazón en medio de la vida disipada del mundo. También puedes, cuando el aislamiento es abrumador en la soledad, crear seres a tu elección, según tu alma y únicamente para tu uso.

XXXIII Los dones mágicos de las novelas orientales, que las hadas benéficas dispensaban a su gusto y libertad, son quizás la imagen fantástica de los dones más reales que la Providencia ha repartido por igual entre todos los hombres. Así, nuestra voluntad recuerda a esta varita misteriosa dotada de una fuerza creativa; la prudencia, el talismán que previene o elude los peligros; la imaginación, esa alfombra misteriosa que volvía presentes todos los lugares y aniquilaba toda distancia; la resignación, finalmente, el bálsamo universal, ya que le corresponde calmar y suavizar hasta los males que no puede curar.

XXXIV La humildad es una armadura que amortigua los golpes dados por la hostil voluntad humana; pero esta armadura le falta al corazón.

XXXV Hay palabras que valen las mejores acciones, porque, en germen, las contienen todas.

XXXVI La cortesía, en una ama de casa, consiste en alimentar la conversación y no apoderarse jamás de ella; tiene la custodia de esta especie de fuego sagrado, pero es necesario que todo el mundo pueda aproximarse a él.

XXXVII Las palabras de mal agüero son como el hombre honesto, que mantiene todo lo que promete.

XXXVIII   Las cualidades destinadas a servir a la felicidad de los otros se quedan demasiado a menudo ociosas y concentradas en sí mismas; es como una carta encantadora que no se ha enviado.

XXXIX   La injusticia de los hombres sirve a la justicia de Dios y a menudo a su misericordia.

XL   Antes de Sócrates, se decía: «Hagamos el bien a quien nos ama y el mal a quien nos odia». Sócrates cambió este precepto y dijo: «Hagamos el bien a nuestros amigos y no hagamos el mal a nuestros enemigos». Solo Jesucristo dijo: «Hagamos el bien a los que nos hacen el mal». Únicamente le pertenecía al Salvador de los hombres formarles en las virtudes sobrenaturales.

XLI   A veces no hay que interrogar a tu amigo, para no arrancarle lo que debemos obtener, y sobre todo para no exponerlo a engañarnos.

XLII   ¡Todas las alegrías de la tierra aún no saciarían nuestra sed de felicidad, y un solo dolor basta para envolver la vida en un velo de sombra, para golpearla en todos sus puntos!

XLIII   Deseemos el espíritu necesario para ser perfectamente buenos, y es desear mucho; porque la bondad consiste ante todo en la inteligencia de todas las necesidades fuera de nosotros y en todos los medios para satisfacerlas que están en nosotros mismos.

XLIV   El cultivo de la mente y una instrucción bien ordenada ayudan a la memoria. Una idea aislada difícilmente se graba en la mente; pero cuando esta idea de nueva importación encuentra un punto de contacto ya preparado en la inteligencia, se ata a lo que le es análogo y forma, con lo que precede y lo que sigue, una cadena cuya misma prolongación asegura la fuerza. Ahí, como en otras partes, cuanto más rico eres más fácil es enriquecerte, y también aquí se aplica la parábola de los talentos: «Se dará más a quien ya tiene; a quien no tiene, incluso se le quitará».

XLV   La sonrisa en los labios del anciano, así como los rayos del sol poniente, penetran en el alma con una emoción dulce y triste: es todavía un rayo, es todavía una sonrisa, pero pueden ser los últimos.

XLVI   Hay espíritus hechos como los ojos de ciertos insectos, que distinguen admirablemente los alineamientos más delicados, las nervaduras más finas de la hoja que los lleva, sin poder abrazar el conjunto de la planta o del arbusto. Cuando el terror entra en estos espíritus, resulta invencible, porque ninguna visión general les ayuda a liberarse de la impresión inmediata y fortuita.

XLVII   Es sobre todo en los combates cuando las pasiones nos entregan lo que es justo decir: *¡Vae victis!* [¡Ay de los vencidos!]

XLVIII   El más culpable de los excesos de la libertad es perjudicarse a sí misma.

XLIX   Resistamos sin temor a la opinión del mundo, pero siempre que nuestro respeto por nosotros mismos crezca en proporción a nuestra indiferencia por ella.

XL   ¡Ay de quien, en la calma de su corazón, pueda desear morir mientras le quede un sacrificio que hacer, una felicidad que curar, necesidades que prevenir, lágrimas que enjugar!

LI   Con respecto a los príncipes, diría como los protestantes a un maestro más elevado: –El servicio sin el culto.

LII   Si empleáramos siempre en comprender el tiempo que empleamos en parecer haber comprendido, y en escuchar el tiempo en que solo pensamos en responder, ¿no sería acaso suficiente para todo el mundo?

LIII   Nuestra vanidad es constantemente la enemiga de nuestro amor propio.

LIV   La Providencia quiso que todas las virtudes nazcan de nuestras verdaderas necesidades, y todos los vicios de nuestras necesidades ficticias.

LV   El amor a veces eleva, crea nuevas cualidades, suspende las inclinaciones culpables, pero solo por un día. Entonces es como los monarcas de Oriente que con una mirada sacan al esclavo del polvo y lo dejan caer de nuevo.

LVI   Solo vemos en el pasado y siempre miramos al porvenir.

LVII   A fuerza de actuar como deberías pensar, acabas pensando como deberías actuar.

LVIII   Las almas frías jamás se abandonan; las almas apasionadas se abandonan y se recuperan por falta de algo mejor.

LIX   Quien cesó de gozar la superioridad de su amigo dejó de amarlo.

LX   ¿Quieres empujar al malo a los últimos excesos, desalentar al débil, envenenar al corazón amargado? Revestid la severa verdad de palabras duras y altaneras, y estad seguros de que las malas pasiones que provocan vuestro celo van a redoblar la violencia. ¡Oh vosotros, cuyo corazón es conforme a Dios: olvidad si es necesario, olvidad por un instante vuestro odio contra el vicio para arrancarle víctimas! Animados por esta santa y consoladora esperanza, que el hierro saludable que armáis en vuestra mano penetre en la herida, pero sin desgarrarla, levantadlo después de haberlo abatido, sujetad vuestra piedad a cada falta, un rayo de esperanza a cada prueba; que el infortunado, al dejaros, lejos de exclamar: *¡Todo está perdido!* (terribles palabras que por sí solas provocan el infierno), bendiga en ti al consolador, y sienta que todo puede ser reparado aún.

LXI   El coraje que tuvimos a menudo es lo mejor que nos queda.

LXII   La crisálida es la imagen del anciano: vegeta, está entumecido, ¡pero vivirá! Y es durante este sueño y esta impasibilidad pasajeras cuando se forman las alas que le llevarán a la inmortalidad.

LXIII   Los corazones amantes son como los indigentes: viven de lo que se les da.

LXIV   Hay cosas que no puedes evitar saber, pero que jamás te permites confesar.

LXV   La más peligrosa de las adulaciones es la inferioridad de lo que nos rodea.

LXVI   El trabajo que perfecciona nuestras facultades intelectuales, que desarrolla nuestras ideas, las eleva, las rectifica, las aclara o las endurece, es la fuente de una riqueza que nos hace inherentes y que aumenta positivamente nuestro valor. Los conocimientos que no hacen más que amueblar nuestra mente, que permanecen en ella importados sin echar raíces, sin añadir su fuerza o su extensión, son de nuestra propiedad, pero no son nuestros, y nos dejan en el mismo grado de valor moral que cuando los tomamos. El oro, el carey y el marfil pueden embellecer una lira, pero no son estos ornamentos vanos los que la hacen emitir sonidos plenos y sonoros.

LXVII   Tener ideas es recoger flores; pensar, tejer coronas.

LXVIII   Estimamos la virtud en los otros por los frutos que da, en nosotros mismos por los sacrificios que nos obliga a realizar.

LXIX   El verdadero dolor es casi tan difícil de descubrir como la verdadera miseria. Un pudor instintivo cubre los harapos de la una y las heridas del otro.

LXX   Quien para dar no se ha impuesto privaciones, no ha hecho más que rozar las alegrías de la caridad. Debemos lo superfluo, y la felicidad en el deber pasa por superar los límites.

LXXI   El don que no vacía, ¿cómo dejaría rastro?

LXXII   Hay culpables cuya justificación no está en ninguna parte y la excusa en todas partes.

LXXIII   Es en los principios que los dirigen donde se deben buscar, en los caracteres firmes y reflexivos, los motivos de sus acciones y del conjunto de su conducta; es en las impresiones que gobiernan temporalmente los caracteres impetuosos donde se encuentra la razón de las ideas por las que creen conducirse.

LXXIV   ¿La vida no es útil si es dichosa?, se pregunta la egoísta. ¿No es suficientemente dichosa si es útil?, repone el hombre de bien.

LXXV   Quimera por quimera, ¿cómo la perfección no es la de todos los hombres?

LXXVI   La plegaria, dice san Jerónimo, es un gemido. ¡Ah! ¡Nuestros gemidos son también plegarias! El grito de dolor es por sí mismo una llamada involuntaria a esa fuerza invisible a la cual nuestra alma invoca el apoyo.

LXXVII   Las cadenas que se nos ciñen más prietas son las que nos resultan más ligeras.

LXXVIII   La Virtud es hija de la Religión; el Arrepentimiento, su hijo adoptado, ¡pobre huérfano que, sin el asilo que le ofrece, no sabría dónde esconder su único tesoro: sus lágrimas!

LXXIX   Hay quienes traicionan un poco a sus amigos, solo para poder demostrarles que les son leales.

LXXX   Cuando la caridad manda amar a los indiferentes como a ti mismo, autoriza sin duda a amar a tus amigos más que a ti mismo.

LXXXI   ¡La indulgencia es bella en quien no ha fallado, la tolerancia adorable en un corazón creyente y piadoso! La modestia reside sobre todo en la superioridad, la afabilidad en la grandeza, la moderación y la simplicidad en la riqueza, y el desapego de sí mismos a los que jamás olvidan a los otros. El hombre culpable, oscuro o mediocre está demasiado interesado en la bondad de los otros como para que se le sepa agradecer la que él ejerce: está siempre en los términos de un desgraciado deudor que busca doblegar a su acreedor, y cuando una disposición resulta útil, es muy raro que no sea sospechosa. El hombre virtuoso es el único que puede ser compasivo, generoso, cómodo.

LXXXII   Es útil, en interés de nuestro perfeccionamiento, no atribuir jamás a causas externas nuestras faltas y desviaciones, ni siquiera las llamadas fortuitas. Nuestras faltas son nuestras verdaderas desgracias, pero su recuerdo es una herencia preciosa: ¡sólo ellas pueden hacernos reflexionar seriamente! No repudiemos la moralidad para aligerar su peso incómodo; al contrario, busquemos siempre remontarnos en nosotros mismos del efecto a la causa, rechacemos lo fortuito, neguemos lo involuntario, acusémonos solo a nosotros, ataquemos a las dudas de la conciencia, a los movimientos de origen oscuro o sospechoso, a los remordimientos sin nombre, resistamos siempre y mantengámonos tranquilos: «¡Dios sabrá bien reconocer a los suyos!».

LXXXIII   Vayamos siempre más allá de los deberes trazados y permanezcamos siempre por debajo de los placeres permitidos.

LXXXIV   Los gobiernos más libres y los menos libres presentan los dos regímenes bajo los cuales la religión es más necesaria para los hombres. En los primeros hay un exceso de vida, de desarrollo de la voluntad que podría ser una causa de desorden o de peligro si una ley represiva e interior no viene a regular su ejercicio. En cuanto a los segundos, que comprenden todos los males de la existencia social, no son demasiadas las esperanzas del cielo y los consuelos de la tierra para hacer soportar pacientemente la humillación y la desgracia.

LXXXV   Siendo más desgraciado a veces se aprende a serlo menos.

LXXXVI   La mujer tiene algo de divino, decía el antiguo Germain; la mujer, dice el seguidor de Mahoma, es una amable creación que solo necesita una jaula; es un ser, dice el europeo, casi parecido a nosotros por su inteligencia, y quizás por encima de nosotros por su fidelidad. Toda reserva hecha sobre nuestra dignidad, ¿no es la historia del perro? Dios en un país, encarcelado o amordazado en muchos otros, y a veces el mejor amigo de su amo.

LXXXVII   Quienes nos hacen felices nos saben siempre agradecidos de serlo; su reconocimiento es el precio de sus propios beneficios.

LXXXVIII   No es verdad que un sentimiento, para ser fuerte, deba ser necesariamente exclusivo; lejos de ello, un afecto muy vivo, si es feliz, poniendo en juego nuestras facultades amorosas, desborda su actividad fuera incluso del círculo del interés primario. ¡Ah! ¡Qué rica es la sobreabundancia de un corazón tocado!

LXXXIX   Nos golpean temprano las concepciones audaces, los pensamientos brillantes; es más tarde cuando se aprecian la gracia de lo natural, el encanto de la simplicidad. En la primera juventud solo se es sensible a las emociones muy vivas; lo que no deslumbra parece aburrido, lo que no es conmovedor parece frío, las bellezas que se muestran se anteponen a las bellezas que hay que buscar, y el espíritu también, en su prisa por gozar, demanda placeres fáciles. La edad madura inspira de manera diferente: vuelve sobre sus pasos, saborea lo que había devorado, estudia, descubre, y el rayo descompuesto bajo su mano le encuentra mil matices a un color.

XC   *Firenze no si muove se tutta non si duole*. [Florencia no se mueve si toda ella no se duele. Viejo dicho toscano]. Muchas almas son como Florencia.

XCI   Nuestras faltas nos afligen más de lo que nos consuelan nuestras buenas acciones; siempre prevalece la pena tanto en la conciencia como en el corazón.

XCII   La amistad es como esos altares antiguos donde los desgraciados e incluso los culpables encontraban un asilo seguro.

XCIII   Creería más en una felicidad nacida de las lágrimas que en una compatible con la aridez del alma. Los obstáculos a la felicidad de un corazón amante están fuera de él; el corazón seco los encierra en sí mismo, y esta causa más inmediata tiene también efectos más rotundos. Algunas plantas elevan todavía su cabeza húmeda por encima de la llanura inundada, pero las arenas de la playa son para siempre estériles.

XCIV   Se espera todo, y jamás se está preparado para nada.

XCV   Un buen cotilleo completo, bien provisto, bien acondicionado, tal como circula en el mundo, raramente es producto de una sola persona o ni siquiera de una sola camarilla. En una, vio la luz; después fue mecido y puesto al cuidado de una nodriza; en otra, mimado, desarrollado, crecido, y solo consigue su perfecta realización después de haber pasado por una multitud de manos: es un niño que cuenta con una muchedumbre de padres siempre dispuestos a repudiar su nacimiento.

XCVI   La desconfianza también tiene sus engaños.

XCVII   En la primera parte de la existencia, se da todo a los demás mientras se espera todo de ellos.

XCVIII   El arrepentimiento es el remordimiento aceptado.

XCIX   En un sistema de compensaciones la verdad aparece con más ventaja; pero hay pocas personas favorecidas con dones externos que lo aborden sin escrúpulos y lo sostengan sin miramientos. El afortunado del siglo, que a menudo no es más que el desafortunado de cada día, debería insistir de mala gana en un equilibrio que parece roto en su favor. Es en la boca del oprimido, del pobre, que esta verdad persuade y sirve a la virtud haciendo presentir las nobles y santas delicias que Dios puede establecer como contrapeso al dolor, a la miseria y al abandono.

C   Una buena acción, en la impresión que deja, tiene efectos que parecerían excluirse: por una parte nos ata a la vida, y por otra nos fortalece contra la muerte. En el primer caso, es un mediador entre nuestras penas y nosotros; en el segundo, entre la justicia de Dios y nuestras faltas.

El cristiano es el único hombre que puede amar sin inconsecuencia la vida y desear morir, ¿y acaso no es ésta la solución soberana que buscaba Platón?

CI   Las parodias de las cosas que amo me indignan o perturban mi conciencia; nada de lo que nos ha conmovido debe ser profanado.

CII   Los hombres no van como nosotras por delante de la desgracia; ellos la aprenden y nosotras la adivinamos.

CIII   ¡Es prodigioso todo lo que no pueden los que lo pueden todo!

CIV   La devoción, como el genio, también tiene sus osadías.

CV   Toda cadena fatigada, si se sacude se desgarra; Dios sin duda ha permitido esto para que un solo fardo fuera ligero, para que un solo yugo fuese suave.

CVI   No nos cansemos de sembrar en nuestro camino semillas de benevolencia y simpatía. Sin duda muchas perecerán, pero si solo una germina, perfumará nuestro camino y regocijará nuestros ojos.

CVII   El amor está siempre dispuesto a responder a la amistad que le demandará su parte: «No tendréis nada mientras yo viva». –¡Pues bien! Mi Señor, yo esperaré.

CVIII   En el fondo, solo hay en la vida lo que ponemos en ella.

CIX   La inclinación del hombre es saberlo todo, conocerlo todo al precio mismo de su felicidad. ¿Le hieren algunas palabras entrecortadas? ¿Lamenta no haber podido captar el resultado; le aflige una ligera inquietud en el corazón? Solo reposa después de haber obtenido una dolorosa certeza; si la desgracia, al fin, bajo su aspecto más terrible, estuviera allí, junto a él, encerrada bajo un triple velo, ¡su instinto devorador le haría levantarlos todos!

CX   La fuerza solo conoce el combate; la debilidad está por debajo de la derrota misma: nació vencida.

CXI   En cada nueva prueba, hay que buscar el castigo o la advertencia que encierra. Todo acontecimiento exterior es una fábula cuya realidad yace solo en su sentido moral.

CXII   —¡Yo sola es suficiente!
El yo de Medea es Dios para el cristiano.

CXIII   Es por piedad con los ricos por lo que hay pobres. La limosna, que no es más que la vida material para unos, supone la vida, o al menos una parte de la vida espiritual para otros. Si los ricos no pudieran dar, todavía podrían ser caritativos; el corazón tiene mil maneras de serlo; pero la porción de riquezas que guardan ya no sería purificada, ennoblecida, santificada por la que se quitan.

CXIV   El amor entra en el corazón de improviso, se adelanta a todos los movimientos o al menos no sigue ninguno y la reflexión misma en él se convierte en cómplice; tan pronto como existe, ciega y, cuando ha extendido sus profundas raíces, nada de lo que no es él mismo podría sacudirlas. Es más o menos así cómo se practicaba la hospitalidad en los antiguos: en el umbral de la puerta entreabierta se recibía al extraño, se introducía en el santuario reservado a los penados, y solo después de haberle prodigado todo se le preguntaba por su nombre; puede que incluso se esperara para ello al momento de su partida.

CXV   Solo mediante la justa apreciación de las cosas se llega a poseerlas tranquilamente o, en su caso, a consolarse de no poseerlas.

CXVI   El mundo solo concede compasión a las penas positivas. Consiente sentir pena por lo que pierdes, jamás por lo que te falta.

CXVII   Únicamente en el cielo los ángeles tienen el mismo espíritu que los demonios.

CXVIII   La vida no tiene suficientes bienes para indemnizarnos por el olvido de un solo deber.

CXIX   El orgullo del espíritu está menos indignado por la oscuridad de la fe que por la autoridad que detenta.

CXX   Hay personas que no entregan jamás su corazón; lo prestan y aún así, con usura.

CXXI   Las dificultades morales, las complicaciones de intereses y deberes opuestos entre los que no saben elegir y tiemblan al tener que pronunciarse, me han hecho pensar a menudo que la Providencia quería imponer misterios a nuestra conciencia como los impone a nuestro espíritu: por una parte, la fe que se somete sin conocer; por otra, el corazón que se humilla por no poder refugiarse en la certeza de haber hecho bien.

CXXII   La bondad nos hace aprender y olvidar muchas cosas.

CXXIII   El orgullo seca las lágrimas de la cólera y del despecho; la humildad, las del dolor. El uno se indigna de que podamos sufrir, la otra nos recuerda para apaciguarnos que solo esto nos es debido.

CXXIV   Preferiría elegir mejor mis penas que mis placeres, por la razón de que temo más a las unas que a los otros.

CXXV   Una mujer que no ha sido bonita no ha sido joven.

CXXVI ¡Guardemos de moverlas, esas cuerdas cuya fácil y dolorosa vibración nos llevan al tiempo de una felicidad que ya no existe! Los conquistadores de Escocia, para asegurarse la tranquilidad de sus posesiones, prohibieron a sus bardos esos cantos melancólicos e inspiradores que contenían aún toda la potencia de los antiguos días.

CXXVII El silencio es como la noche que cae: los objetos se pierden en ella insensiblemente.

CXXVIII No hay nada inmóvil en la vida más que los recuerdos; solo estamos seguros de mantener intacto lo que hemos perdido.

CXXIX La atención es una tácita y constante alabanza.

CXXX Siempre concibo lo que aflige a los hombres, pero a menudo me sorprende lo que les consuela. Un átomo puede herir, y solo Dios puede curar.

CXXXI La servidumbre va casi siempre más allá del abuso de poder.

CXXXII Si nos permitiéramos los nombres propios, ¡con qué facilidad no haríamos la lista de los noventa y nueve justos cuya salvación alegra menos al cielo que el regreso de un solo pecador!

CXXXIII Los viajes son la parte frívola de la vida de la gente seria y la parte seria de la vida de la gente frívola.

CXXXIV Para el espíritu también hay un brío, una facundia, un resplandor, una animación que se aferra a la juventud, y responde a lo que se llama para el cuerpo la belleza del diablo.

CXXXV Se puede estar de vuelta de todo y no estar hastiado de nada.

CXXXVI   El poder es el hecho; la autoridad, el derecho. El uno crea la necesidad y la otra, la sumisión.

CXXXVII   Pediría a los indiferentes de la justicia y a los que nos son queridos, ilusiones.
   Cuanto más se alejan las ilusiones de lo que nos merecemos, mejor se descubre la fuente de tan dulce mentira.

CXXXVIII   Solo se es rico de lo que se da y solamente pobre de lo que se rechaza.

CXXXIX   Nada tan insolente como cierta indulgencia. Hay personas que te absuelven como si tuvieran el derecho a condenarte.

CXL   En la juventud, crees enriquecerte con cualquier ilusión nueva; en la edad madura, con todas las que pierdes.

CXLI   ¡Qué lejanía hay, en las relaciones íntimas, entre irreprochable o solamente inatacable!

CXLII   Jamás dos personas han leído el mismo libro, ni mirado el mismo cuadro.

CXLIII   A menudo somos profetas para los otros solo porque somos historiadores para nosotros mismos.

CXLIV   Hay en el ejemplo una potencia que supera a todas las demás; sin pensarlo, se endereza a los demás caminando derecho.

CXLV   Los hombres invocan siempre la justicia cuando es ella quien debería hacerles temblar.

PENSAMIENTOS

CAPÍTULO I

Sobre ella misma. Sobre Dios. Sobre el alma.
Sobre la inteligencia

I   Amo la ciencia, amo la inteligencia, amo todavía más la fe, la fe simple; amo más la sombra del lado de Dios que la luz del lado de los hombres.

II   ¡Cosa singular, la disposición de muchas inteligencias prestas a admitir ligeramente todo lo que concierne a lo sobrenatural! Yo adolezco de la disposición contraria; es la fe la que me mantiene en la incredulidad.

III   Amo a Dios como si estuviera solo en el Universo. ¡Tengo piedad de la raza humana como si no tuviera Dios! Dos términos que un abismo separa y que aproxima y une Nuestro Señor Jesús-Cristo, Dios y hombre.

IV   En términos de placeres buenos, solo amo el de Dios: éste siempre es bueno.

V   ¡Os hablo de todo, oh Dios mío! Os ocupo de todo lo que me ocupa, os convido a todo lo que me interesa; es simple, ¿seré temeraria?

VI   Si me preguntaran cómo comprendo a mi manera la felicidad celestial, respondería: El cielo es amar en paz.

VII Estoy con el buen Dios como se dice que están las mujeres rusas con sus maridos: cuanto más me golpea, más le amo. Eso es todo a lo que el demonio puede aspirar.

VIII Con demasiada frecuencia me he alejado de Dios, pero por su gracia jamás me he separado de él.

IX ¡Dios mío! ¡Perdóname y haz lo que quieras!

X Lo que me estropea un poco la resignación es verla tan conforme a las leyes del sentido común; me gustaría un poco más aún de sobrenatural en el ejercicio de mi más querida virtud.

XI Mi única fuerza contra el horror natural que inspira la muerte es amar más allá.

XII ¡Qué! —me decía alguien durante una de mis violentas crisis neurálgicas—. ¡Amáis a Dios que os pone tanto a prueba! —¡Ah! Señora, eso se ha visto a veces: amo lo que me hace sufrir.

XIII ¡Dios mío! Hazme hacer algo que podáis recompensar.

XIV ¡Dios mío! ¡Mi destino está en vuestras manos! ¡Lo pongo, lo pondría si no lo estuviera, lo volvería a poner sin cesar!

XV ¡Dios lo ve todo! Años acumulados de sufrimiento, hoy, ¿puedo desear no haber sufrido?

XVI ¡El océano, solemne, admirable, majestuoso! Me eleva, pero es para aplastarme bajo una grandeza sin límites, sin retorno alguno o sin piedad por mi nada. ¿Qué hay entre él y yo? La inmensidad del espacio y la profundidad. ¿Qué me aporta? La sensación del infinito y del abismo que me separa de él. El Océano en su fuerza, su inmutabilidad móvil, sus proporciones que superan hasta las osadías de mi pensamiento, es Dios, pero Dios sin su Cristo.

XVII   El inventario de mi fe por este bajo mundo pronto lo hago: creo en quien lo ha hecho.

XVIII   Me abandono a Dios como alguien que sabe que su justicia no le debe nada.

XIX   Solo soy lo que soy ante Dios; mis penas son tan profundas, están tan lejos de la superficie, que tengo demasiado poco aliento para hacerlas llegar.

XX   Lo que estimo, inmediatamente después de la Eternidad, es el tiempo.

XXI   No hay un momento más que perder, ni que exceptuar; es la última mano que hay que dar a los últimos días. Me siento, por la gracia de Dios, en el camino correcto: la orilla huye a toda velocidad.

XXII   Nuestra posición ante Dios: que todos los obstáculos son para nosotros medios.

XXIII   Basta que Dios prohíba la desesperación para que la desgracia tenga el derecho de esperarlo todo, para que la esperanza sea libre de atreverse a todo.

XXIV   Los acontecimientos de la vida son como un texto sagrado que nuestro espíritu puede estudiar y comentar. ¡Cómo no seguir con atención, con respeto, a menudo con reconocimiento y entusiasmo, el encadenamiento de circunstancias que han cumplido un pensamiento de Dios!

XXV No hay pequeñas cosas en este mundo, dado que Dios se mezcla en todas ellas.

XXVI Se piensa en la acción de Dios en las cosas grandes, se la excluye en las pequeñas; se olvida que el maestro de la Eternidad es también el maestro del ahora.

XXVII La vida humana es un libro abierto, en el que en cada línea se lee la justificación de la ley de Dios.

XXVIII Lo que comprendemos de Dios no es lo que es en sí mismo, sino lo que quiso que comprendiéramos. El tesoro de la ciencia divina se divide en dos partes: la verdad entera, completa y suprema que es Dios mismo, y después las verdades eternas, pero veladas, que entrega, es decir, que impone a los hijos de los hombres.

XXIX El Dios de los cristianos es el Dios de las metamorfosis. Arrojáis en su seno el dolor, os lleváis la paz: arrojáis la desesperación, la esperanza sube a la superficie; es un pecador que ha conmovido y es un santo que le da gracias.

XXX Encuentro que el Cristianismo disipa más oscuridad que la que aporta. Con el Cristianismo, este mundo está en un crepúsculo; sin él, está en la noche. El Cristianismo no termina la estatua, es la obra del cielo, pero desbasta todo, la verdad, nuestro espíritu y nuestro alma.

XXXI Creer que algo de lo que Dios nos niega pueda ser necesario, es un error para mí ininteligible.

XXXII Para elegir el remedio, ¿el enfermo es médico?

XXXIII Las oscuridades de la fe dejan siempre penetrar un poco en lo impenetrable; es una cortina que jamás se levanta, pero que siempre se alza.

XXXIV En el desorden de una vida culpable, la fe es la lámpara antigua que ardía en las tumbas.

XXXV Es la piedad la que custodia la fe.

XXXVI La piedad suaviza todo lo que el coraje soporta.

XXXVII Hay que trabajar sin descanso por hacer que tu piedad sea razonable y tu razón piadosa.

XXXVIII Las alegrías de la piedad solo son comprendidas por quienes las gozan. De todas las alegrías, es la que debe tener la expresión más mesurada, y la más humilde ante los que no la comparten. *Cuando entras en la casa de un ciego*, dice un proverbio árabe, *cierra los ojos*.

XXXIX La oración tiene derecho a la palabra *inefable*; es la hora de las efusiones que no tienen palabras para expresarlas, y de las palabras interiores que no se articulan, incluso cuando las encuentras.

XL Buffon dijo: «El estilo es el hombre». La oración es el hombre también, el hombre interior; es el *Ecce homo* no ante los judíos, sino ante Dios.

XLI Hay que abandonarse a Dios, sobre todo cuando parece que nos abandona.

XLII De nuestros errores a la misericordia divina está la distancia de lo innumerable al infinito.

XLIII   La salvación es una obra de dos; así como la Encarnación, que implica un Dios y un hombre: la gracia de Dios, el esfuerzo del hombre.

XLIV   El cristiano es a veces débil, pero cuando no eres cristiano, ¿buscas solamente volverte fuerte?

XLV   Entre tarde y demasiado tarde, hay, por la gracia de Dios, una distancia inconmensurable.

XLVI   Al católico solo le reconozco un derecho: el de hacer las cosas mejor que los demás.

XLVII   Por no tener que vencer los peligros que hacen perecer a la mayoría de los hombres, los santos no están sin embargo exentos de combates. El mundo ha robado a la vida interior la ley que quería que solo nos enfrentáramos con nuestros semejantes. Cada uno de nosotros tiene un enemigo digno de él, y ya es haber ganado mucho no tener más el enemigo de todo el mundo.

XLVIII   Quiero que sea un *santo*, pero quiero que sea primero y superlativamente un hombre honesto.

XLIX   La raíz de la santidad es la salud. Para llegar a ser santa es necesario que el alma esté sana. Primero nos bañamos, y después nos perfumamos.

L   Hay admirables ejemplos que, transportados por los débiles y los imperfectos por la vía en la que marchan, se transforman en trampas.

LI   Dios, con ninguna de sus revelaciones ha querido halagar nuestra curiosidad. Lo que le revela al hombre es el fin que le asigna, son los medios de alcanzarlo. El dogma y la moral son la parte esencial de estos medios.

LII   Dios entregó al hombre la materia prima: crea el mundo y se lo da para acabarlo. El hombre no comienza nada, pero desarrolla y continúa todo. Se le da la palabra, inventa la escritura; el océano, saliendo de las manos de Dios, separaba los continentes, por el hombre, no es más que el más ancho de los caminos; la tierra le es entregada inculta, a menudo ingrata, y él la aplana y la fecunda; ha injertado al salvaje. En el orden de la salvación, los sufrimientos de los fieles terminan y completan la pasión de Nuestro Señor.

LIII   El milagro es médico y jamás quirúrgico, invisible en su acción y simplemente conocido por el resultado. Ves, comprendes, pero no encuentras esa evidencia grosera que hace imposible la menor duda. Todo en la Religión está en el mismo plano: ¿la luz está siempre mezclada con oscuridades y para qué? Para que la Fe sea una virtud.

LIV   Si se mira bien, en esta tierra donde Dios parece tan perfectamente olvidado, es todavía él, después de todo, quien suscita la mayor fidelidad y el mayor amor.

LV   Qué bondad la de Dios haber dicho expresamente en su Evangelio: *Aquel que no me ama más que a su padre, a su madre, a sus hermanos, su país.... ¡no es digno de mí!* Si estas palabras no hubieran sido proferidas como eterna justificación de aquellos que superan los sentimientos de la naturaleza, ¡a qué suplicio no habrían sido condenados los corazones heridos por el amor de Dios! Después de todo, su impulso no fue menor, permaneció igual el sentimiento del vacío de todo lo que no es Dios, el ardor impetuoso y exclusivo por todo lo que es él, lo habría poseído de todos modos; ¡la palanca habría sido igual de poderosa, pero no teniendo ya contra la carne y la sangre un apoyo en la palabra expresa de Dios, solo dudas y turbaciones, este soberano amor habría suscitado en las almas! Habrían amado todavía como aman, pero habrían disimulado en los actos y tal vez ocultado a todos los ojos esta llama viva como se disimula un amor vergonzoso. Es muy alto que Dios declara que quiere ser preferido; no lo permite solamente, lo ordena a todos en la medida en que concilia este amor con otros deberes, pero todos los deberes para algunos se resumen en que la entrega de todo se haga a Dios.

LVI El panteísmo, que confunde la naturaleza divina con la humana, no tiene adversario más temible que el dogma de la encarnación que los une; porque lo que excluye en mayor grado la identidad, es la unión.

LVII ¡La Iglesia! Es la cuestión de la verdad en la tierra.

LVIII ¿Quién custodiará a los custodios? dice un verso latino. *Quis custodiet ipsos custodes?* Respondo, el enemigo: es el enemigo el que mantiene en pie al centinela.

LIX Uno no puede subir muy alto ni cavar mucho sin encontrar una de las dos regiones de la verdad fecunda, la de las perfecciones de Dios o la de la miseria del hombre.

LX En materia religiosa, la moderación tiene sus culpables: los neutros.

LXI Es sobre todo en el sacrificio donde hay que realizar la Fe.

LXII La religión católica es como la exuberante naturaleza, pródiga con sus tesoros hasta en el desierto y en generosa desproporción, no con las necesidades, ¡por desgracia!, sino con las disposiciones que la benefician.

LXIII   En todo lo que no tiene el mal por principio, Dios no excluye nada, no sacrifica nada: ni la más pequeña virtud a la más alta, ni la más pequeña verdad a la más grande.

LXIV   Los milagros son los golpes de Estado de Dios.

LXV   El corazón del verdadero cristiano no puede abrirse sin que se escape de él el oro, el incienso y, ¡por desgracia!, la mirra.

LXVI   Ni una cosa que esté a salvo de un cierto desorden, de una cierta degeneración: el mal muestra su cabeza, su diente agudo, su veneno; un cierto mal se hace, pero se limita y se repara: el Redentor está siempre allí vigilante.

LXVII   La guerra de religión defensiva es la más noble de todas; la agresiva, la más odiosa.

LXVIII   El dolor del cristiano asciende hasta el borde extremo del vaso, pero jamás caerá la gota que lo desborde.

LXIX   Cuando dos verdades presentes parecen opuestas, no hace falta tocar ni a la una ni a la otra; hay que decirse que hay una tercera, que permanece en el secreto de Dios y que se revelará para conciliarlas.

LXX   Las profundidades del alma son laberinto y tinieblas sin la antorcha de la religión. Abandonados a nosotros mismos, somos como aguas subterráneas, solo reflexionamos en la bóveda sombría del destino humano.

LXXI   En toda condición de edad y latitud, hay almas e inteligencias compatriotas y contemporáneas.

LXXII   Es la potencia misma de la inteligencia humana la que le revela sus límites.

LXXIII   Se adquiere en proporción de lo que se posee.

LXXIV   Escribir con lápiz es como hablar en voz baja.

LXXV   Siempre hay que comprar un poco tus felicidades: es justo, pero el momento en que se paga es rudo.

LXXVI   Todo buen momento cava sus lamentos.

LXXVII   La lengua misma nos habla de la inferioridad de los colectivos en comparación con lo singular. ¡Tomándolo por lo alto, comparad lo que pasa en nosotros pronunciando los dioses y Dios! ¡El hombre y los hombres! Descendiendo también, asegurar tu amistad, es prometer afecto; ofrecer tus amistades no es más que una cortesía. Se puede hablar de tus amigos, sin tener, ni dar la idea de que posees un amigo. El respeto es algo grave para quien lo siente, el colmo del honor para quien lo inspira; mis respetos es solo una fórmula. Un interés en la vida es todo lo que se busca; los intereses son casi nada. Hay placer en las ocasiones que reclaman un cumplido; mis cumplidos corren por las calles. Todo el mundo tiene enemigos; un enemigo es otra cosa. Hay que ser alguien para tener un enemigo, hay que ser una fuerza para que otra fuerza se mida con ella.

LXXVIII   ¡La Inmortalidad! Si no la hubiera para el hombre, no solamente el porvenir sería hurtado al alma, sino también el pasado: estos dos tiempos son correlativos. Sin Dios y nosotros para asistirle el pasado no estaría en ninguna parte; la nada sería antes y después; la memoria también sería tan vana como la esperanza.

LXXIX   Solo la verdad es fecunda; el error, estéril en sí mismo, solo produce por la porción de verdad que contiene; puede hacer llegar la vida, pero la que da no puede transmitirse, como en las razas híbridas.

LXXX   No busquemos jamás la verdad fuera de la Iglesia, pero no la dejemos inerte en su seno.

LXXXI   La huella del pecado original se encuentra en todas las almas, como la del diluvio en las montañas más altas.

LXXXII   Solo Dios puede reconciliarnos con el mundo.

CAPÍTULO II

Sobre el mundo. Sobre los afectos.
Sobre diferentes épocas. Sobre la política.

I   ¡Mi terraza al Oriente! ¡Afinidad misteriosa con mi gusto pronunciado por el alba de las cosas excelentes! De todos los soles nacientes, solo exceptúo el de la prosperidad; pero me inclino como un verdadero cortesano ante los primeros rayos de la piedad, de la virtud y del talento.

II   Cuando estoy bien, necesito a todo el mundo; cuando estoy mal, no necesito a nadie.

III   Me gusta complacer a quienes me gustan, no odio disgustar a quienes no me gustan; soy simpática hasta en mis antipatías.

IV   El hombre se cree siempre más de lo que es, y se estima menos de lo que vale.

V   Los mejores consejos sobre el arte de ser feliz son tan fáciles de seguir como los de encontrarse bien cuando estás enfermo.

VI   En todas las cosas difíciles, la Providencia ha puesto un encanto conocido solo por aquellos que se atreven a emprenderlas.

VII   La gracia de nacer es totalmente distinta a la gracia de vivir: nacer, tiene todas las posibilidades de una inmortalidad feliz; vivir, demasiado a menudo las compromete.

VIII   Es falso que los grandes dolores te vuelvan menos sensible a las penas ligeras.

IX   La desgracia tiene pocos enigmas para quien reduce todo designio de la Providencia únicamente al perfeccionamiento del hombre.

X   No siempre hay en una gran desgracia una felicidad destruida.

XI   En el estado normal del organismo, toda herida tiende a cerrarse.

XII   Hay algo en la impetuosidad de la pasión que excluye la idea de la corrupción moral. Las aguas del torrente son turbias, espumosas, remueven el lodo hasta el fondo, y no obstante la sola inmovilidad vuelve las aguas corruptas y produce esa descomposición lenta y general que altera la esencia misma del elemento.

XIII   Jamás seré yo quien sea severa con la desesperación; sé demasiado bien el coraje que hace falta para resistirse a ella.

XIV   El bien que recela el alma del pecador me reconciliaría con el más culpable. El mal que encuentro en el hombre virtuoso me endurece a menudo y me aleja. ¿Es demasiado perdonar al uno y pedir demasiado al otro?

XV   En todo lo que no te explicas de la conducta de las personas que estimas, solo hay que hacer partir tus hipótesis de la estima que tienes por ellos.

XVI   Todas las cualidades superiores se ignoran entre ellas. ¿Quién se ha creído humilde sin ser por ello orgulloso? ¿La generosidad no cree deber todo lo que da? ¿Cuándo supo la inocencia que era casta?

XVII   Concibo el desprecio que se concede a las acciones, no admito el desprecio por los hombres y no veo rastro de ello en la Sagradas Escrituras. ¿Qué es, en efecto, un hombre al que se desprecia hoy? Quizás haya que admirarlo mañana. Hay, en los recursos infinitos que Dios ha puesto en el fondo del alma humana, un poder de reacción, de reparación, de rehabilitación que supera todos los límites del mal; con la gracia de Dios, la criatura más abyecta puede ascender al rango de las fuerzas celestiales. El desprecio solo existe para lo que no puede cambiar, para la nada de los placeres ardientemente perseguidos, para esos hombres y para esos bienes que están tan lejos de desdeñar los sabios de la tierra.

XVIII   Consolar no es obra para nuestros semejantes: el maestro se la reserva. Lo que nos pueden enseñar, son las condiciones que nos vuelven aptos para recibir la consolación soberana.

XIX   No hay nada como los monasterios para conservar vivos los recuerdos, y, aunque en un grado mucho menor, esto es cierto también para el campo. En las grandes ciudades, los ausentes ya están muertos y los muertos están como si jamás hubieran vivido.

XX   Para estar a la altura de las tareas difíciles, hay que haberse preparado largamente para ellas.

XXI Hay un interlocutor que se ancla; su silencio sigue a tus palabras, sin buscar comprenderlas y sin entrar en ellas: te sientes ejecutado sin haber sido juzgado.

XXII La pérdida de pureza de las ideas que me son gratas me resulta insoportable: amo el azúcar y odio el sirope.

XXIII En materia de crítica, no es solamente la estima que tengo por la severidad aplicada al examen de cuestiones graves: es gusto. No quiero que se enmarañe el corte; pero la verdad sobre un punto obliga a todos los otros, y la culpa expresada implica el elogio allí donde es posible.

XXIV Quien está privado del derecho a culpar es también dueño de abstenerse de alabar.

XXV En cuestión de economías, solo amo las privaciones.

XXVI Cuando nos rebelamos contra el Evangelio, nos entregamos a un maestro que es nosotros mismos; un maestro que hace posibles todos los otros, siempre descendiendo.

XXVII No hacer nada no es siempre perder tu tiempo; hacer negligentemente lo que haces, sin duda sí lo es: fatiga sin beneficio.

XXVIII Las situaciones son como las madejas de hilo de seda; para sacar provecho de ellas basta con tomarlas por el extremo correcto.

XXIX No se tiene el derecho de exigir conciencia a aquel a quien se le niega la libertad.

XXX «No juzguéis», dice el Señor. Mandamiento muy simple en un mundo en el que no hay inocentes para juzgar a los culpables.

XXXI   Es Dios quien permite ciertas faltas, y a menudo puede decirse: ¡Merezco ser engañado! ¡Merezco ignorar!

XXXII   Evitemos todo lo que podría difuminar las líneas primitivas de nuestra individualidad. ¡Pensemos que cada uno de nosotros es un pensamiento de Dios!

XXXIII   Nos equivocamos cuando creemos que es la debilidad la única que necesita apoyo; es más bien a menudo la fuerza: una paja, una pluma, se sostienen durante mucho tiempo en el aire.

XXXIV   A menudo hay que pedir consejo; no siempre para seguirlo, siempre para aclararse.

XXXV   Todo el mundo debe encontrar su palabra en el enigma de la vida. No sirve de nada que os digáis: los unos no la escuchan, los otros la comprenden en sentido contrario.

XXXVI   Lo que ignoramos es a menudo lo que más necesitamos. A menudo también lo que sabemos no lo podemos emplear.

XXXVII   Para mucha gente, la mejor de las lecciones sería escuchar en las puertas; es molesto para ellos que no sea honesto.

XXXVIII   Uno jamás perdona lo suficiente, pero olvida demasiado.

XXXIX   Hay que hacer todo lo posible por los otros, aunque no sea más que para distraerse de lo que no hacen por nosotros.

XL   No hay nada más insoportable en los defectos de los demás que aquellos que encontramos en nosotros mismos.

XLI   Solo entrando en el pensamiento de los otros te reconcilias con el tuyo.

XLII   Las necesidades verdaderas se definen como condición y como duración; las necesidades ficticias carecen de ley interna y se extienden sin medida y sin reglas. «Ahora que ya no tengo hambre, dijo Madame de Sévigné, comeré tanto como queráis».

XLIII   El bien es lento, sube; el mal es rápido, desciende: ¿cómo sorprenderse de que recorra mucho camino en poco tiempo?

XLIV   Hay que ser creyente para combatir la superstición, liberal para combatir la inmoralidad, profundamente religioso para reprobar el fanatismo y preconizar la tolerancia.

XLV   Hay casos en que una cosa que solo es razonable cesa por eso mismo de serlo.

XLVI   La moral es la verdad del corazón, y la fe es la verdad de la inteligencia.

XLVII   El consuelo cura sin tocarte, un poco como el aire beneficioso que basta con respirar.

XLVIII   No puedes ser muy sincero cuando eres muy cambiante: la verdad del día se convierte en mentira al día siguiente; es solo la sinceridad del minuto.

XLIX   Se debe la verdad a quien la demanda: pero no se está, gracias a Dios, obligado a persuadirle.

L ¿No podríamos decir a las voces confusas que a veces se elevan en el fondo de nosotros mismos: «Señoras, por favor, hablen solo cuatro a la vez»?

LI Las situaciones en las que el éxito es indispensable son malas, y buenas solamente aquellas en las que la conciencia tranquila puede prescindir de todo a continuación.

LII Le decía a alguien: —Representáis para mí el valor moral que se requiere para merecer ser castigado.

LIII La causalidad, como dicen los filósofos, juega un papel importante en la historia de nuestras faltas, y sobre todo de nuestras faltas fruto de la costumbre. Es en sus causas donde hay que atacarlas. No son tanto los actos lo que hay que combatir, sino la disposición que los hace posibles. Remontarse a la fuente para purificar las aguas.

LIV No es tan difícil como se cree mantenerse fiel a tus compromisos; el compromiso que hay que conservar te conserva a su vez: resuelve en el meollo de la incertidumbre y protege la voluntad de toda la fuerza de la sentencia dictada.

LV La evidencia moral o intelectual tiene otras leyes que la evidencia física, pero no se impone menos imperiosamente. Hay una propuesta que debes consentir, como deberías hacerlo si cien bayonetas se apoyaran en tu pecho.

LVI Si decís la verdad en su justa medida, liberando su sustancia de cualquier aleación de pasión humana, no sois culpables de las indignadas revueltas que puede suscitar; pero si la decís ofendidos, si la sacáis de su santa impasibilidad, si no la mantenéis en sus términos más sinceros, sois responsables de la revuelta de que es objeto y de las consecuencias que pueden seguirle.

LVII   Cuando sirves a las ideas en lugar de servir a los hombres, no sufres decepciones: las ideas triunfan o no triunfan, pero no cesan de ser ellas mismas.

LVIII   Que un hombre obtenga placer en publicar sus escritos me resulta muy simple: las ideas y los hechos le pertenecen. Mayor reserva me parece que se le impone a las mujeres; solo pueden expresar sus sentimientos: el sentimiento es amigo del crepúsculo. Cuando el hombre se muestra, cumple su misión; dejarse ver es todo lo que se le permite incluso a las mujeres de Europa.

LIX   ¿Por qué la Armada Invencible pereció a pesar de la belleza de sus navíos y la gran experiencia de sus marinos? Podría decirse que ser llamada Invencible tuvo que ver en su derrota. Dios nos permite el epíteto solo después del golpe.

LX   Nada se reemplaza, por la excelente razón de que nada se parece.

LXI   No se pecaría jamás si se tuviera siempre ante los ojos el Juicio Final e incluso el propio. Los grandes consejos del valle de Josafat comienzan para nosotros cada noche.

LXII   Solo lo hacemos muy bien cuando haciéndolo de otro modo no se haría mal.

LXIII   En este mundo de vicisitudes no hay nada que venga para quedarse, nada que se vaya para desaparecer.

LXIV   Cada vez que se comete una falta, cuanto más grave es, más preciso es aspirar a la perfección, poniendo la fe y la confianza en Dios en el lugar que la naturaleza hubiera marcado al desaliento.

LXV   Hay un agua en el mundo cuyo sabor no varía jamás: solo la mano que nos la ofrece —sea constitucional, monárquica pura, republicana o autocrática— es agua bendita de patio: la halláis en todas partes, clara, incolora, insípida.

LXVI   A la vista de ciertas fortunas escandalosas en todas las partes del globo, ¿no se diría que son los treinta denarios de Judas que han fructificado a través de los siglos?

LXVII   La única buena manera de actuar en el mundo es estar en él, sin ser de él.

LXVIII   En la opinión del mundo, con el matrimonio, como en la comedia, termina todo. Es precisamente lo contrario lo que es verdad: comienza todo. Se dice también de la muerte: —Es el fin de todas las cosas. —Sí, como en el matrimonio.

LXIX   El señor Ballanche ha dicho que había que tener la misma opinión para discutir: eso es cierto; lo mismo que para pelearse hay que estar lo suficientemente cerca para tocarse. El cañón alcanza a una gran distancia, pero una línea más allá de su alcance, su fuerza es nula.

LXX   Hay que convenir que después de los afectos, los hábitos son muy valiosos. Es un poco de agua que corre sin hacer ruido, pero que todavía verdea todo a su paso.

LXXI   Cuando estamos de acuerdo en las cosas fundamentales, incluso en las que no nos convienen, hay muchos puntos de contacto; pero este comercio de espíritus jamás conserva la marcha de dos navíos en el mar. Es una especie de cabotaje de un puerto a otro: no se puede irrumpir antes, y encontrarse no es caminar juntos.

LXXII   Hay espíritus que hacen lo mismo que las damas chinas: se estropean por coquetería.

LXXIII   El misticismo del corazón es mucho más seguro y de mejor ley que el misticismo del espíritu.

LXXIV   La gente que tiene prisa por hablar casi nunca tiene nada que decir; el pensamiento y las ideas suponen un primer trabajo de la inteligencia.

LXXV   Lo antiguo es una especie de aristocracia que no se persigue fácilmente.

LXXVI   Hay públicos elegidos que sin embargo no son públicos de élite.

LXXVII   He visto a menudo a personas piadosas atraer a muchas que no lo eran. La vida mantiene la piedad, la unción que se escapa de ella, ese prisma exterior que irradia hacia fuera, ejerce su encanto a espaldas mismo de los corazones que la sufren.

LXXVIII   Se decía de Monseñor Affre: –Es seco y frío. –Sí, pero como el mármol, con el que no se dejan de hacer cosas bellas.

LXXIX   Siempre que la denigración concluye en la negación de una cualidad cualquiera, estad seguros de que dicha cualidad existe en un cierto grado. Tal persona no tiene espíritu, se dice; sin embargo es necesario que tenga un poco para que se las ingenie tanto para como establecer que no lo tiene.

LXXX   La intolerancia de los filósofos y de los indiferentes, esta combinación que la lógica rechaza, recuerda a esas mujeres celosas de un marido que no aman.

LXXXI ¡Cuántos se comportan como esos perros que parecen buscar un amo!

LXXXII En la unidad aparente de una misma pasión se constata la divergencia de las individualidades. El orgullo conduce a uno a lo que a otro le parecería el colmo de la humillación.

LXXXIII De cuántos se puede decir que su presentación solo les hace justicia cuando les asegura el goce de la desaprobación.

LXXXIV El gran peligro de las personas espirituales es que no están mucho mejor aseguradas que otras contra el terror, e incluso tienen muchos más recursos para volverlo perjudicial.

LXXXV Cuando el espíritu de partida, con sus exageraciones apasionadas, se impuso a una inteligencia mediocre, fue su golpe de gracia. No tenía luz, y pierde la libertad; le fuerza a girar sobre sí mismo, describiendo círculos cada vez más estrechos.

LXXXVI Hay personas que tienen la buena fortuna de no equivocarse y de jamás errar cuando su interés es hacer lo uno o lo otro. Con un maravilloso oportunismo, siempre lo correcto se envuelve para ellos de tinieblas o de luz.

LXXXVII Lo que les ha faltado a muchas personas es un interlocutor: han escuchado, después han hablado; no han podido ni provocar, ni responder.

LXXXVIII Hay muchas amistades que se mantienen con el reflejo de una sola: amar profundamente en un cierto punto es amar por encima de todos los otros.

LXXXIX   Esas viejas amistades, seguras y verdaderas, construidas con fuerza, de las que te ocupas poco y que reencuentras siempre, son como esos maduros de antaño, buenos y gruesos, que no piden conversación y que están siempre listos para servir de defensa y de abrigo.

XC   Hay corazones cuya sola benevolencia tiene más rayos que el afecto de muchos otros; como la luna de Nápoles, que desprende un brillo más dulce que muchos soles.

XCI   Amar a los amigos pasa demasiado a menudo por dejarles hacer a su antojo; habría que odiar a los que no aman.

XCII   El ideal de la amistad es sentirse uno y estar dos.

XCIII   Las demostraciones de afecto en el mundo apenas se pagan con moneda falsa. Solamente hay unas fichas mejor doradas que otras.

XCIV   Hay prodigiosos afectos mantenidos por un odio a terceros.

XCV   ¿Qué se necesita para ser indulgente? Mucho sentido común y una gota de piedad en el corazón.

XCVI   Si te diviertes es por el espíritu, pero si no te aburres es por el corazón.

XCVII   El corazón siempre tiene el derecho de gracia.

XCVIII   La juventud debería ser una caja de ahorros.

XCIX   Una mujer que consagra su fidelidad a un afecto culpable es como esos obreros que hacen del domingo un lunes.

C   Aún joven tratas de rejuvenecer por coquetería; de viejo, crees así engañar a la muerte.

CI   Los años no hacen sabios, hacen viejos.

CII   En la juventud, el dolor se precipita y desborda, pero también se seca como el torrente; en el invierno de la vida, un pobre charco de agua permanece y se sustrae a toda evaporación.

CIII   Cuando eres vieja, es a los viejos a quien menos gustas.

CIV   Cuando eres viejo, puedes todavía aclarar a veces, pero persuadir ya no.

CV   La vejez no tiene nada que esperar de los hombres, pues todo lo tiene que esperar de Dios. Su impotencia es más grande que la de la infancia, porque la infancia tiene para su debilidad todas las simpatías; el único brazo que sostiene al anciano es el brazo del Señor: como los reyes, a pesar de su miseria, al anciano solo le queda Dios.

CVI La muerte deja a veces tanto vacío que la vida no ocupa su lugar.

CVII   Desgraciadamente solo se retiran las personas que ya están de salida.

CVIII   El más claro beneficio del retiro es salir siempre más contento de Dios y más descontento de uno mismo.

CIX   Nuestros hábitos, nuestros arreglos exteriores, nuestra habitación, el orden que ponemos, todo eso, es la extensión de nuestra personalidad; todos tenemos más o menos algo de la araña: extendemos a lo lejos una tela que es nosotros mismos.

CX   Los bienes verdaderos, indiscutibles, como la juventud, el vigor, la virtud, el talento o la salud, son accesibles a todo el mundo; para ellos no hay ningún tipo de privilegio.

CXI   ¡Hay que permanecer clavado a París! Después de todo, ¡qué importa! El cielo, las aguas, los bosques, es decir Dios, la gracia y el impenetrable asilo con que nos inunda de delicias, ¿acaso no están por todas partes?

CXII   Los ferrocarriles perjudicarán mucho a los hábitos; en cuanto a los afectos, nada puede dañarlos sino ellos mismos.

CXIII   En el siglo en que vivimos, lo imposible pierde todos los días terreno.

CXIV   Nuestro siglo se ha entregado tan de lleno a la franqueza, que ya ni los farmacéuticos doran la píldora.

CXV   Ahora leemos de todo menos libros.

CXVI   Hay tiempos en que se diría que Dios peca aparte, y el diablo hace los arrestos.

CXVII   América ha comenzado su carrera en el punto culminante de la vida: como Adán, a los 30 años.

CXVIII   Las revoluciones acostumbran a ver en el vencido de hoy al vencedor de mañana. Lo inesperado, siempre presente en el pensamiento, hace que instintivamente se guarden todos los tiempos en uno solo; no hay ninguno olvidado, excepto el de la eternidad. No alabamos ni defendemos lo que es, y sonreímos a todo lo que puede ser.

CXIX   Francia es lo suficientemente fuerte para proscribir una sola cosa: la proscripción.

CXX   Lo más difícil que hay, por poco que se sea leal y justo, es estar siempre de parte del medio del cual se vive.

CXXI   Los que llegan al gobierno de un país, con el objetivo anunciado de regenerar, se parecen a las mujeres que se casan con vistas a la conversión de su futuro; empresa cuya imprudencia afectaría más si, en definitiva, solo quedara para los unos el poder y para los otros un marido.

CXXII   El estado verdadero de una nación, de un hombre, es tan ignorado como el tiempo verdadero: cada uno tiene el de su reloj. El señor Arago como cualquier otro en el hábito de la vida.

CXXIII   Dios transforma, depura y perfecciona; ciertas escuelas no saben más que mutilar, suprimir y destruir. Se diría que el procedimiento de Dios les disgusta: en cuestión de preferencias, solo conocen las exclusiones.

CXXIV   Amo la bandera, la entregada no.

CXXV   Es necesario que la libertad sea algo grande, porque por ella Dios castiga y recompensa a las naciones.

CXXVI   La libertad solo tiene verdaderos derechos injertada en la justicia; su rol principal es el de salvaguardarla.

CXXVII   Cuando el deseo no sopla por este lado, nada lo hace, nada advierte ni amenaza, ni siquiera el peligro. Pasa en política lo que pasa en la esfera religiosa, en lo tocante a la conversión de las almas.

En tanto la hora libre de la gracia no haya sonado, la voz más persuasiva, los mejores libros, los más grandes oradores, la palabra más tiernamente íntima del más ardiente celo, todo fracasa en este alma que no es precisamente dura, apenas distraída y sin corromper. Es un poco como el amor que viene cuando le place. Haríais bien acumulando antorchas: la madera mojada quizás humeará, pero no prenderá; cuando pase el tiempo necesario y la madera seca al viento se eleve, una cerilla bastará para inflamarlo todo.

CXXVIII   Francia solo ha repudiado las doctrinas incompletas e inconsecuentes. Espera la mano que le permita respirar, en sus instituciones, un aire más verdadero que el de la duda, más fuerte que el del cisma, más santo que el del interés personal. Espera a Dios: es su pretendiente.

CXXIX   Veo la tierra labrada, no veo la semilla.

CXXX   Francia no quiere revoluciones; pero, lo sepa o no, quiere la revolución.

CXXXI   El Monarquismo es el patriotismo simplificado.

CXXXII   Solo he temido una cosa: el triunfo absoluto de alguien.

CXXXIII   Amo la victoria, pero no el triunfo.

CXXXIV   Es difícil –quisiera que fuera imposible– que un hombre de estado defendiera una línea contraria a sus instintos y a sus principios, ¡qué moral es que los hombres caigan con el sistema que han sostenido!

CXXXV   Cuando alguien os dice que no pertenece a ningún partido, podéis estar seguro de que no es del vuestro.

CXXXVI Los hombres, cuando llegan a la libertad sin preparación, exageran sus defectos: los fuertes se muestran furiosos; los débiles, cobardes.

CXXXVII Hay dos caminos para alcanzar un fin importante: la fuerza y la perseverancia. La fuerza apenas cae repartida en unos pocos privilegiados; pero la perseverancia austera, continua, puede ser puesta en práctica por el más pequeño: con el tiempo, su potencia silenciosa crece irresistiblemente.

SOBRE LA MÚSICA

La armonía y la melodía que se reparten los efectos de los sonidos, tienen quizás su primer tipo en la naturaleza dual del
universo y del destino humano considerado en la sociedad y en
el individuo. La armonía, como el mundo exterior, como las
masas que se mueven en ella, presenta sus partes ligadas, enca-
denadas, ordenadas para concurrir en un solo y mismo objetivo; regular y mesurada en su caminar como las curvas celestiales, en su desarrollo mismo más audaz, no se le permite la
desviación; una voluntad todopoderosa parece haberla encade-
nado en la magnificencia y la grandeza, y encerrado sus liber-
tades en la latitud dada a las leyes que expresa. La melodía es
toda moral y en consecuencia libre. Expresión del corazón, sigue y devuelve fielmente sus movimientos. Recuerda a las alegrías cuando es brillante, pinta con sonidos suaves y prolonga-
dos sus deliciosos y raros reposos, suspira sus inquietudes y se
marchita bajo sus dolores como el amigo que los comparte.
¿Quiere describir las tristezas y las olas de deseos que alternativamente agitan al hombre o lo mecen? Parece soñar sus cantos como él sus fruslerías. La melodía es a la vez un solo pensamiento; pero móvil y rápido, sucesivamente los devuelve todos
y nos cuenta todo un destino. La armonía, por sus grandes
efectos, parece hecha para hablar a los hombres ensamblados, y
la melodía para transportar todos los recuerdos en la soledad.
La palabra puede aplicarse bien a un trozo de pura armonía,
pero jamás es accesoria. En cuanto la melodía se asocia con la
palabra humana, rivalizan en encanto y potencia; la palabra
vuelve a ser la expresión del corazón, pero la melodía sigue
siendo su acento.

SOBRE EL FIRMAMENTO

¿No es acaso en medio de los rigores del invierno cuando la bóveda celestial se hace sentir más en nosotros como la región de lo inmutable y de lo eterno? Figura del mundo de las almas, ninguna traza del tiempo en este reino del espacio. Aquí está la belleza sin arrugas y sin manchas, la inmortal juventud. Como el alma, el cielo tiene fechas y no tiene edad; como el alma, no tiene noche; cambia antorchas así como ella claridades. La sucesión de las estaciones hace las vicisitudes de la tierra, sus ardores, sus heladas, sus tristes y largos despojamientos. Por una inmunidad sublime, aunque criatura, el cielo no conoce ni alteración, ni decadencia. Durante el día, de su chimenea ardiente se escapan corrientes de luz; durante la noche, sus tinieblas se iluminan con innumerables soles; en la inmovilidad poderosa de sus astros, o en su camino triunfal bajo el ojo abierto del Altísimo, parece producirse la imagen de la impasibilidad de los santos y de su celo rápido e irresistible. Así, mientras que curvada bajo el yugo del solsticio de invierno, la naturaleza desolada, muda, cubriendo con un lienzo su luminosidad, parece acusar el pecado y sus consecuencias funestas, el cielo permanece azul, el sol guarda el oro de sus rayos, la luna su claridad plateada, las estrellas el fuego de sus diamantes diversamente coloreados, finalmente, resplandeciente y magníficamente adornada, la bóveda celestial parece, como el corazón del hombre de bien, celebrar una fiesta perpetua, la fiesta de la renovación prometida. La tierra sin embargo deja secar sus pechos; la fuente de la luz no se agota jamás, el mundo no puede vivir sin ella. Cada día puede levantarse, cada noche disipar sus sombras, pero es para invitarnos a las dulzuras de una próxima esperanza. Nada de irrevocable por arriba y por debajo de nosotros. ¡Que una nube se entreabra, que una bruma se disipe, que un vapor se esfume, y el contemplador que se confía, que espera, que aguarda, es consolado! ¡Por él que vela la potencia, bajo la forma de la belleza imperecedera!

SOBRE LA NATURALEZA

La naturaleza y sus diversos aspectos, como las artes y su sentido múltiple, son tantas voces que penetran en nosotros y que hablan a nuestra inteligencia. Todo, en el mundo visible, en el mundo que se toca y se escucha, viene a expresar nuestro corazón o a responderle; es otra lengua, pero es la misma historia, porque la naturaleza también es lo que la caída del hombre la ha hecho. Sus escenas, sus efectos tienen una misteriosa analogía con las disposiciones que están en nosotros, con las que debemos compartir o que queremos hacer triunfar. De estas relaciones resulta que esta naturaleza inanimada, insensible, no deja de tener influencia sobre nosotros, que nuestras impresiones morales pueden depender de ello, que ella también nos hace mal o bien: según la página que nos detiene en este gran libro de la naturaleza, nos encontramos modificados. Alternativamente, nos fortifica o nos seduce, nos turba o nos apacigua, hace circular en nuestras venas aire puro de la montaña y su vida rápida y ligera, o las brisas del valle perfumado cuya dulzura es pérfida. Sufrimos interiormente los fenómenos que nos hace pasar ante nuestros ojos. Así, sus grandes desórdenes nos sacuden; una fatalidad terrible parece empujarnos hacia el profundo abismo; las rocas agudas y amontonadas como una tempestad fijada, nos recuerdan otros temibles y permanentes estragos; el vértigo nos sitúa en la cumbre de las alturas escarpadas, así como un horizonte estrecho y cerrado fatiga nuestra mirada que demanda espacio, como nuestra alma el porvenir. La sublime majestad del océano y de los Alpes nos transporta, nos deleita, nos hace entrever más allá de las nubes, todavía otros cielos; pero pronto nos hace sentir la necesidad de reposar de la admiración misma. Por el efecto de esta reacción, cuando la necesidad de la fuerza y de la paz nos apremia, huimos y el torrente rompe y arrastra, y el arroyo hace soñar demasiado, el mismo río fluye a lo lejos.

Instintivamente, y como para proteger la libre posesión de nosotros mismos, nuestros pasos se detienen preferiblemente al borde de las aguas tranquilas, mantos maravillosos cuyo aspecto a la vez grave y sereno eleva nuestras contemplaciones. En esta disposición de equilibrio y de paz, nada nos habla, nos responde mejor que estos lagos sombríos, perdidos en los desvíos de la montaña y cuyo hielo unido es otro cielo azul. ¡Cómo hace sentir y pensar, el lago solitario, apartado, sin ruido, sin nombre! Aguas puras y límpidas encerradas en un cáliz de verdor, una sola mirada abraza su unidad encantadora; contenidas y vivas en límites que no pueden franquear, parecen como la sabiduría misma, reconciliadas con la necesidad. Si pedimos al lago el secreto de su vida interior y profunda, nos responderá con la rica vegetación con que se rodea. Por todas partes, en sus orillas y en su seno, la vida y los beneficios, en ninguna parte el peligro. Su superficie se riza, sin levantar la arena dorada de su cama: no contiene ningún residuo, porque no ha visto ningún naufragio.

SOBRE LA CORTESÍA

La cortesía en el mundo no es mucho más que una falsa apariencia culpable; suaviza mucho más de lo que disimula y, por lo demás, no engaña a nadie, no se la podría acusar de mentira. La incompatibilidad de caracteres, la división profunda y radical que nace de principios tomados de fuentes enemigas, la búsqueda ardiente de objetivos opuestos, todos estos elementos de discordia puestos en juego por la viva irritabilidad de los amores propios, de los orgullos heridos o de los intereses contrarios, dejan difícilmente comprender que las reuniones no sean más a menudo ocasiones de luchas, de invectivas y de provocaciones amargas. Los efectos en nuestros salones están sin embargo lejos de responder a estas causas en todas partes presentes; sin elevar mucho sus motivos, la urbanidad nos viene en ayuda; por la dulzura de sus formas, suple a la justicia, a la moderación que debería regular el interior. Las opiniones más firmes aparecen en el exterior despojadas de toda prerrogativa, y por la contención de las demostraciones hostiles, por la medida de las expresiones, sin cesar de manifestarse en su totalidad, pierden recíprocamente lo que tendrían de hiriente, y pasan, como nubes cargadas de electricidad, lo suficientemente cerca las unas de las otras para reconocerse y jamás lo suficientemente cerca para tocarse. Esta especie de sordina impuesta a los sentimientos, induciría fácilmente a error a un espíritu alimentado en una civilización inferior y que, acostumbrado a otro diapasón, podría tomar por indiferencia, cobardía o escepticismo, estas formas flexibles con el fin de evitar choques inútiles. A los que saben leer en este crepúsculo, una palabra, un silencio, un ligero cambio de entonación, una alusión incluso remota, bastan, y resulta que si nadie expresa lo que piensa totalmente como lo siente, tampoco nadie se detiene en las cosas precisamente como son dichas; su sentido claro y positivo se descubre y permanece solo en la inteligencia, como el desnudo se distingue bajo la ropa de cama. Si se estudia la cortesía en sus modelos, se verá que jamás conduce, no digo a la mentira, ni tan siquiera a la más ligera concesión y que, para los ojos ejercitados, el pensamiento verdadero se desprende, en toda su integridad, de las formas que lo rodean. Sin duda, una tolerancia equitativa, una disposición respetuosa por las ideas y las convicciones de todo ser inteligente y libre, serían preferibles a un cuidado epidérmico; pero una deferencia a la vez firme, sincera e iluminada, pertenece a una perfección demasiado rara para que a la mayoría de los hombres no les resulte extraña. Necesita un principio menos elevado, y este principio se expresa para ella en este sistema de cálculos y de cuidados delicados que se ha denominado el saber vivir, por eso solo quizás es la condición de toda vida mezclada y común.